섬진강 시인들

섬진강 시인들

강 따라 흐르는 여섯 갈래 詩의 물결

시집을 내면서

섬진강 시인 여섯 명의 '몸詩 퓨전 콘서트'
이원규(시인/사진가)

　섬진강 유역에 사는 시인 6명이 뭉쳤다. 지난해 11월 3일 오후 3시, 촌놈 시인들이 늦가을 백일홍 꽃밭에서 한판 잘 놀았으니, 이른바 국제적인 예술잔치였다.
　전북 순창의 백학기, 남원의 복효근, 전남 곡성의 장진희, 구례의 박두규, 경남 하동의 박남준, 전남 광양의 이원규 시인이 순서대로 전남 곡성의 섬진강동화정원 백만송이 백일홍 꽃밭 무대에 올랐다. 시 낭독을 하는 동안 한국 최고의 기타리스트 김광석이 연주를 하고, 화가들은 즉석에서 대형 걸개그림을 그렸다. 국내외 행위예술가들이 백일홍 꽃밭을 뛰어다니며 춤을 추었으니 시와 노래와 연주, 그림과 행위예술이 온몸으로 만나는 실로 국제적인 '몸詩 퓨전 콘서트'였다.
　섬진강은 백두대간과 호남정맥 사이로 흐른다. 전북 진안면 팔공산 데미샘에서 발원한 섬진강은 전남 광양시 진월면 망덕포구와 경남 하동군

금성면 고포리까지 223.86km, 560리 '시가 흐르는 강'이다. 백두산 아래 북간도에서 태어난 윤동주 시인의 시집 원고 『하늘과 바람과 별과 시』가 섬진강 끝인 망덕포구 '정병욱 생가'에 보관되어 있다가 빛을 보았으니 '백두대간의 처음과 끝', 이 또한 기묘한 인연이 아닌가.

섬진강 유역에는 농어부와 더불어 예술가들도 많이 깃들어 사는데, 이번에 출연한 여섯 명의 시인 외에도 전북 임실의 시인으로 김용택, 김용만 형제와 사촌지간인 김도수, 그리고 정우영이 있고, 구례의 김인호, 김해화, 송태웅과 하동 박경리문학관의 김남호 시인 등이 있다. 소설가로는 곡성 '미실란'의 김탁환, 구례의 이성아, 정지아, 한상준과 하동 박경리문학관의 하아무 등이 있다. 공연 일정상 다 함께 할 수 없어 너무 아쉬웠다.

이름하여 시 낭송과 라이브 드로잉 퍼포먼스인 '몸詩 퓨전 콘서트'는 5일 동안 벌어진 〈2024 섬진강국제실험예술제(SIEAF)〉의 절정이었다. 곡성 기차마을 근처 백일홍이 만발한 10만 평의 '동화정원'은 말 그대로 '가을날의 동화'를 직접 현실로 보여주었다. 이날의 사회는 광주의 '아름다운 공동체 도시락' 대표인 이순남 시인이 맡았다.

이번 예술제의 주제는 '퀘렌시아(Querencia)'. 나도 이번에 처음 듣고 배운 말인데, '퀘렌시아'는 투우장에서 싸우다 지친 소가 기력을 다시 회복하기 위해 인간에게는 보이지 않는 구역에 스스로 만드는 안식처를 뜻한다. '현대인의 지친 몸과 영혼의 안식처' 퀘렌시아! "생명을 가진 모든 존재들을 향하여, 밝은 숨을 공명한다"는 이 예술제에는 14개국 예술가 150여 명이 자발적으로 참여했다.

사전 행사 '2023 SIEAF 아카이브 전시'를 시작으로 축제의 문을 연 2024섬진강국제실험예술제는 지난 2002년 총연출을 맡은 행위예술가 김백기 감독이 서울의 홍대 앞에서 시작했다. 제주도를 지나 전남 곡성으로 장소를 옮겨온 국내 유일의 최장수 국제실험예술제다. 어느새 22회째를 맞았으며 올해는 미국, 영국, 일본, 이탈리아, 프랑스, 독일, 한국 등 다양한 국가의 예술가들이 함께했다.

첫 무대는 순창의 백학기 시인이었다. 영화배우, 감독, 시나리오작가 등으로 활동하며 '섬진강영화제 조직위원장'을 맡고 있다. 먼저 영화감독답게 시와 함께 만든 단편 독립영화 〈여배우는 소리 내어 울지 않는다〉를 보여주었다. "이 작품은 25분 정도 되는 단편 영화인데요. 시를 영상화해서 만드는 프로젝트, 시와 영화의 콜라보레이션 작품으로 5년 전에 만들었지요." 백 감독의 말이다.

그리고 이어진 시 낭독. "당신을 생각하는 동안 지붕에서 눈이 떨어졌다/ 세상에서 적막 편지를 써본 이들은 알 것이다… 가슴에 남아 있는 미처 하지 못한 말/ 이 산하의 병이 깊어/ 그리하여 슬퍼서 나는 당신을 더욱 그리워하였다"라며 호소력 있는 목소리로 심금을 울렸다. 바로 옆에서 곡성의 화가 서현호가 대형 걸개그림으로 드로잉 쇼를 보여주었다.

백학기 시인은 지난 2015년, 첫 시집을 낸 지 30년 만에 3권짜리 시전집 『가슴에 남아있는 미처 하지 못한 말』을 펴낸 적이 있다. 그는 또 시와 영화를 함께 아우르는 단어를 새로 만들기도 했는데, 시의 포엠과 영화 드라마의 합성어인 '포에라마'!

"문학과 영화는 제 삶의 두 축이지요. 젊은 날 문학과 영화에 대한 열병을 앓으면서 시작된 문학과 영화의 삶이 벌써 지천명, 이순의 세월을 넘어 어느새 고희를 향해 다가가고 있네요. 누구나 가슴에 남아있는 미처 하지 못한 말들이 있게 마련이죠."

곧이어 우리나라 최고의 기타리스트 김광석의 〈구름 위에서 날다〉 연주가 이어졌다. 웅장하고 깊은 울림이 백일홍 꽃밭을 휘감아 돌았다. 그냥 기타가 아니라 고대 악기인 비파와 현대의 기타를 합쳐서 직접 만든 '명중현'을 선보였다. 노르웨이에서 온 백이자 무용활동가가 명중현의 선율에 맞춰 흰옷을 입은 채 노란 천을 휘날리며 꽃밭을 나비처럼 날아다녔다.

그리고 복효근 시인이 무대에 올랐다. 사회자가 '남원의 미남 시인'이라고 소개하자 "뭐 좀 더 써서 남원, 임실, 순창 등 전라북도의 최고 미남이라고 하면 안 됩니까?"라며 농을 걸었다. 이내 목소리를 가다듬으며 「누떼가 강을 건너는 법」을 낭독했다.

"누는 케냐 세렝게티 초원에서나 볼 수 있는 그런 동물인데요. 건기와 우기에 따라 이동을 해요. 대이동이죠. 그리고 마사이 마라 강을 건너는 그 얘기인데요. 악어 떼가 득시글거리는 강에 먼저 뛰어드는 용감한 누가 있죠. 그 누가 죽어가는 동안에 다른 누들이 무사히 강을 건너게 되지요. 실은 누구들의 얘기가 아니라 바로 우리 역사의 이야기입니다. 우리 현대사에서도 우리를 무사히 여기까지 건네주기 위해서 먼저 강물에 뛰어들고, 그 혹독한 독재정권, 군사정권 속에서 먼저 희생하신 분들이 있잖아요. 그분들이 계셔서 우리가 오늘 웃으면서 이 꽃밭에서 이렇게 노래하고 춤을 출 수 있는 거 아니겠어요? 바로 그 얘기입니다. 누를 빌려서 그런 얘길 하고 싶었어요."

곧이어 중년의 여제자 두 명이 무대에 올라와 해학적인 시 「두 여자-팬티와 빤쓰」를 함께 낭독했다. "전라선 하행 플랫폼/ 젊은 팬티가 나이 든 빤쓰 배웅을 나왔나 보다"로 시작해 "걱정 말아라 빤쓰고 난닝구고/ 우리집 누렁이허고 나놔 입을란다/ 갸도 늙어서 어따가 벗을 일도 없을 테니"로 이어가며 관중의 박장대소를 이끌어냈다. 그리고 곡성군 죽곡에 사는 장진희 시인이 무대에 올랐다. 비교적 대중에게는 덜 알려졌지만, 곡성 출신의 소설가 공선옥과 절친이며, 숭실대 국문과 출신인 강형철, 정우영, 박승민 시인들과 동문이다. 전라도 구례-곡성 등 삼팔장을 돌아다니며 '미역장시'를 하는데, 그냥 일반 미역이 아니라 진도 팽목항에서 서쪽 먼 오지의 섬까지 직접 찾아가서 어렵게 사 온 돌미역들을 판다.《전라도닷컴》에 구수한 장터 얘기를 절찬리에 연재 중이다.

처음엔 살가운 전라도 사투리, 아니 전라도 탯말로 「단풍이 어째서 붉은지 알지야」를 낭독하더니 광주에서 북을 들고 올라온 두 남자와 더불어 대뜸 욕을 퍼붓기 시작했다.

"누구에게랄 것도 없이 종일 입에서 욕이 나온다./ 썩을놈들" 선창을 하자 광주의 중년 두 남자가 북을 두드리며 "씨발놈 씨발놈!" 코러스를 넣는다. "빌어먹을 놈들!" 하면 "씨발놈 씨발놈, 씨발놈 씨발놈!" 다시 코러스를 넣고, "호랭이 물어갈 놈들, 문둥이 콧구멍에서 마늘씨 빼먹을 놈들" 읽을 때마다 "씨발놈 씨발놈, 씨발놈 씨발놈!" 관객들까지 따라서 마구 욕을 하기 시작했다. "급살탕에 양잿물 시 숟가락 타 묵고 뽁뽁 기다가 죽을 놈들/ 삼복 염천에 염병지랄하다가 땀도 못 내고 죽을 놈들!" 백일홍 꽃밭에 걸판진 욕이 휘몰아쳤다. 시의 제목 또한 「욕」이었으니 이 또한 카타르시스, 속이 뻥 뚫리는 퀘렌시아가 아닌가.

"2022년 3월 9일 기억하시죠. 대통령 선거 날이었거든요. 이 시는 그다음 날 3월 10일에 썼어요. 그러니까 시 쓰는 사람이 원래 마음에서 제일 절절한 것이 시로 나오는 것인디, 그날부터 하루종일 입에서 욕이 튀어나오는데 아주 죽겠더라고요. 근데 그냥 욕이 아니고 옛날에 엄마들이 했던 욕이 막 생각나는데, 이렇게 창의적인 욕을 좀 기록해놔야겠다 하면서 「욕」이라는 시를 쓰게 되았지라. 작년에는 전라도사투리 대회에 나가 상금 30만 원도 받고 막 그랬당게요."

장진희 시인이 시 낭독을 하는 동안에 화가 칭카이(Qing Cai, 독일)가 대형 걸개그림에 장 시인보다 더 크게 얼굴을 그렸다.

꽃밭에서 해외작가 세 남자의 행위예술이 벌어지는 가운데 구례의 박두규 시인이 무대에 올라 「두텁나루 숲 그대」 연작시를 낭독했다. 중저음의 매력적인 목소리가 울려 퍼지자 화가 임택준이 우주인 복장으로 불쑥 튀어나와 즉흥적인 육체 드로잉 퍼포먼스를 시작했다. 10m 긴 장대에 빗자루 같은 큰 붓을 매단, 이 세상의 가장 크고 긴 붓으로 무대 왼쪽에 마련된 캔버스 흰 천에다 선화를 그렸다.

"두텁나루의 두텁은 두꺼비이니 두꺼비나루터지요. 섬진강 할 때 섬자가 두꺼비 섬자지요. 섬진강가에 제 거처가 있으니 그 집을 그냥 숲이라고 생각하는데, 섬진강가에 있는 숲이라는 뜻의 두텁나루 숲이지요. 내 시에 푸르샤라는 말이 나오는데, 푸르샤는 인도 수행자들의 명상어입니다. '이 우주의 모든 것들을 관장하는 지구의 어떤 의식, 어떤 신성한 영성'의 개념입니다. 원래 그러한 내용의 시들을 많이 썼는데 세 번째 시집부터 여섯 번째 시집까지 보니까 두텁나루숲과 푸르샤라고 명명지어진 어떤 지구 의식 관련 시편들이 많았어요."

그리고 하동의 '버들치 시인' 박남준 시인이 나왔다. 이미 자신의 시를 거의 다 외우니 시 낭독이 아니라 시 낭송이었다.「슬픔」에 이어 대표작인 「어린 왕자로부터 새드 무비」를 낭송하기 시작했다. 동시에 고운 한복을 입고 한국화를 그리는 화가 신은미도 무대에 올라 걸개그림으로 이 시에 걸맞은 '바오밥나무'를 그렸다.

"제가 모악산에서 13년 정도 살다가 지리산으로 이사 온 지가 어느새 21년이나 됐는데요. 어느새 올해 예순여덟이나 되었네요. 그리고 신은미 화가님, 이렇게 멋진 그림을 그려주셔서 너무 고맙습니다."

박 시인이 화가의 걸개그림에 다가가 '당신을 향한/ 내 그리움이/ 먼 바오밥 나무에/ 별을 내걸었다'고 일필휘지로 써넣자 비로소 대형작품이 완성되었다. 박 시인은 이미 오래전부터 무대에 특화된 시인이다. 본인이 직접 고른 배경음악으로 시 낭송을 하고, 기타 하나 허공에 치켜세워 들면 노래가 줄줄 나온다. 무대든 술집 골방이든 거나해지면 언제든 가능한 엔터테인먼트가 아닌가.

이어서 나의 무대가 이어졌다. 나는 그 전날 밤에 이미 단독으로 '별빛 퀘렌시아' 프로그램을 진행했었다. "밤하늘의 별빛을 보며 길을 찾던 시대는 얼마나 행복했던가"(게오르크 루카치). 우리나라 고인돌 상판에도 성혈(星穴), 별자리들이 새겨져 있다. '하늘의 별빛과 인간 내면의 불꽃이 완전히 동일한 시대' 로 돌아가자, 바로 그곳이 '별빛 퀘렌시아' 다. 이원규의 〈별나무〉 사진과 12년 동안 찍어온 대한민국 은하수 영상 감상, 별자리 앱 스텔라리움(Stellarium)으로 밤하늘의 별 찾아보기, 카메라와 휴대폰으로 별 촬영하기 등으로 감동적인 밤이었다.

무대의 대형 화면에 울산의 시낭송가 박순희의 목소리와 내가 오랫동안 찍어온 '달 영상' 으로 졸시 「달빛을 깨물다」를 선보였다. 그리고 우리나라 은하수 사진과 동상상을 곁들여 「별빛 내시경」을 보여주었다. 무대에 직접 올라가 구름과 안개 속의 야생화 사진과 함께 「몽유운무화」를 직접 낭독했다.

마침내 2시간 30분 동안의 '몸詩 퓨전 콘서트' 가 끝나고 곡성군 고달면의 안개마을에서 뒤풀이가 열렸다. 국내외 예술가들이 함께한 국제적인 뒤풀이였다. 시인과 기타리스트와 화가, 행위예술가들이 모였으니 당연히 광란의 밤이 이어졌다. 동서양 악기의 즉흥적인 연주와 춤과 노래가 어우러지며 '지랄발광의 국제적인 밤' 은 새벽까지 이어졌다.

마침내 우리의 퀘렌시아는 어디에 있는가. 바로 지금 여기, 아주 가까이에 있는가. 있는데 아직 몰라보거나 아예 보려고도 하지 않고 외면하거나, 아예 만들려고 시도조차 하지 않은 것은 아닐까. 도대체 시의 퀘렌시아, 시인의 퀘렌시아는 어디에 있는가.

차례

시집을 내면서 _ 4

백학기 흰 소 _ 21
춤 _ 34
어느덧 _ 36
안부 _ 38
억새 _ 39
너의 사랑 _ 41
만리동 고개에서 이틀 _ 42

복효근

누 떼가 강을 건너는 법 _ 47

어느 대나무의 고백 _ 49

버팀목에 대하여 _ 51

예를 들어 무당거미 _ 53

마늘촛불 _ 55

저녁 강에서 _ 56

새를 기다리며 _ 58

매화찬 _ 60

춘향의 노래 _ 62

섬진강 - 섬진강에서.1 _ 64

차례

장진희
늪 _ 69
봄 쑥 _ 70
가을 강 _ 72
억수장마 _ 73
물난리 속에서 _ 76
백일홍 _ 80
저녁 노을 _ 82
가을 _ 83
이름 _ 84
반달이 싹을 틔워 _ 85

박두규

강을 바라보다 _ 89

나마스카 _ 90

사랑은 홀로 어둠의 숲을 헤매고 _ 91

그렇게 그대가 오면 _ 93

저녁 강 _ 94

헛꽃 _ 96

홀로 깨어 두텁나루숲 창문을 열고 _ 97

어디에서 왔나, 이 향기 _ 99

눈부신 어둠 _ 100

가여운 나를 위로하다 _ 101

차례

박남준

저녁 강이 숲에 들어 _ 105

나무, 폭포, 그리고 숲 _ 107

따뜻한 얼음 _ 111

슬픔 _ 113

먼 강물의 편지 _ 114

이사, 악양 _ 115

겨울 풍경 _ 117

흰 부추꽃으로 _ 119

동백 _ 121

당신을 향해 피는 꽃 _ 123

이원규

물안개 _ 129

안개 _ 130

겁나게와 잉 사이 _ 131

물앵두 _ 133

섬진강 첫 매화 _ 135

소쩍새의 길 −일생 단 한편의 시 4 _ 136

단지 그 물맛이 아니었으므로 _ 137

몽유운무화 _ 139

별빛 한 짐 _ 140

달빛을 깨물다 _ 142

백학기

〈현대문학〉 데뷔(1981). 〈한국문학〉 신인상(1981).
첫시집 〈나는 조국으로 가야겠다〉(1985, 문학과 지성사) 등 3권 〈가슴에 남아있는 미처하지 못한 말〉 시전집(2015) 〈삼류극장에서 2046〉 시선집(2024) 출간.
영화 시나리오 〈체어〉 〈완전한 인생〉 〈이화중선〉 〈선미촌〉 등 다수.
배우 및 감독으로 활동.

시인의 말

시는 내게 언제나 그리움이다.
시의 마을에서 멀리 떠나온 내게 시는,

고요다, 그리고
먼 적막이다.

먼 바깥이고 우주이다.

흰 소

1
소를 찾아나섰다

소월(素月)시집을 들고
먼 제방길 달려나간
금만(金萬)평야

무지개가 피었다.

나와 아버지 사이
나와 어머니 사이

그 사이사이

어떤 의미도, 어떤 언어도,
어떤 말씀도,

없었다, 흰 소를 찾아나선 그곳은.

우주의 바깥이었다.

2

바람 속을,
절벽 아래를 쏘다녔다.

내 얼굴 위로 모래의 시간들이 흘러갔다

질풍노도의 시절이었다.
때로 길 위에 오래도록 서 있었다.
심야에

길 모퉁이 애인의 집 창문 곁에
서 있기도 했다

손바닥에 쥔
보들레르와 헤세,
고리키와 법구경(法句經).

은하수 아래

흔들리는 촛불
어렴풋이 흰 소가 보이기 시작했다.

새벽이었다.

청년 김수영(金洙暎)이 웃고 있었다.

3
삼십세였다.

광장(廣場)이었다.

동터오는 거리에서,
한낮으로, 한낮에서
저무는 들판으로, 어둠이 내리는 거리로

남해에서 임진강까지
목포에서 휴전선까지

남에서 북으로

서에서 동으로

지상(地上)의 양식(糧食)을 찾아 헤매었다.

무릎까지, 가슴까지

어깨까지

절량(絕糧)이었다.

이 세상에 새 아이가 태어나고

문득 흰 소의 발목이 보였다.

4

구름떼였다

아니

소떼였다.

폭포수 아래였다

내 정수리 위로 퍼붓는,
내 어깨 위로 쏟아지는,
소떼.

일백여덟개의 고뇌를 등불처럼 매단
여자가
히말라야 기슭에서 왔다고 했다

폭포수 물살이 무늬로 새겨진
아담한 조약돌을 쥐고 있었다

나는 너를 모른다
너는 나를 모른다

일백여덟번의 고뇌처럼
또 다시 히말라야 기슭으로 떠나는 여자

강 건너 평야로 흘러가는 물줄기 사이로
무지개가 피었다 사라졌다.

폭포수 아래였다.

5
나의 종(宗)은 시가 아니었다.
영화가 아니었다. 10년 전 쯤에 나의 종(宗)은
시였다 영화였다 나의 종(宗)은 불교가 아니었다
기독교가 아니었다. 나의 종(宗)은 20년전쯤에
불교였다 기독교였다 나의 종(宗)은 공자였다 맹자였다
30년전에 공자와 맹자가 아니었다.
어느 해 아래 까마구 소리가 들리었다
어느 달 아래 부엉이 우는 소리가 들리었다
40년 전에 나의 종(宗)은 흰 소가 아니었다

나의 종(宗)은 흰 소였다.

나의 종(宗)은 타클라마칸 사막 위를 걸어가고 있었다
나의 종(宗)은 피레네 산맥 넘어
산티아고 길을 걷고 있었다

나의 종(宗)은 시코쿠섬을 걷고 있었다

나의 종(宗)은 삼보일배였다

문득, 차츰, 서서히, 흰 소가
내 앞을 걸어가고 있었다.

6
집으로 돌아오는 길

별이 보였다

샛강이 보였다.

숲에 귀면(鬼面)들이 이파리처럼 흔들렸다

나무들이 가갸거겨
나무들이 겨거갸가 서 있었다

먼 불빛이
내 발등을 재촉였다

재,
촉,
였,
다,

흰 소가 내 발등을 재촉였다

집이었다
마당 가득 귀면(鬼面)들이 떠돌았다.

7
어디선가 현(弦)의 노래가 들리고 있었다

문을 열어보니
소녀가 마당에 서 있다

소녀가 앞가슴에 두 손을 모으고 있다

마당에 꽃잎들이 시나브로 내리고,
꿈결처럼
꿈결처럼
가득 쌓이고

해가 되고
달이 되고
별이 되었다

흰 소여,
흰 소여,

불두화(佛頭花)가 피었다.

8
캄캄한 광명(光明)이었다

세상의 시작
세상의 끝

문득, 깨어보니

나는 너였다
너는 나였다

세상의 끝, 시작, 세상의
시작, 끝이 맞물려 있었다

세상의 아버지는, 어머니
세상의 어머니는, 아버지

이뭣고
저뭣고

9

산은 산이다

백년여관도 보인다
시냇가에 심은 교회도 보이고
고려수산도 지척이다

가까이
호남탕 굴뚝도 보인다

인근 초등학교 교정에서
뛰노는 아이들 소리가
삼천대천세계(三千大天世界)를 울린다

한때는 처녀였고
한때는 어머니였던
연지암 비구니 스님이
절마당에 물을 뿌리고 있다.

물은 물이다.

10
나그네여

달에 구름가듯이
달에 구름가듯이

이뭣고
저뭣고

앞산
뒷산

희양산
봉암사 아래

나는 그것을 공감(共感)이라 부른다

나는 그것을 감동(感動)이라 부른다
나는 그것을 감응(感應)이라 부른다

새소리가 들린다

나그네여
나그네여.

춤

맨발로 풀밭을 날아오시라
우리들의 언어(言語)가 노래가 되고
우리들의 입맞춤이 영혼이 되어
온 대지를 감싸 안듯이

날아올라 하늘과 땅의 윤무(輪舞)를 보여주시라

아직은 미명(未明)의 바람 도시의 골목에 남아있고
먼 곳에서 다가올 향연을 기다리고 있는 소년소녀들이
바라보고 있는 것을 아시라

바람을 불러들여 세상의 기운을 담아내고
품어 온 우주에 풀어 놓으시라
두 개의 산과 골짜기를 지나 발아래 지느러미처럼 흔들며
풀밭 위를 흐느적이듯 맴돌아 보여주시라

작은 노래여
작은 영혼이여

사랑은 언제나 귓가에 속삭이며
사랑은 어둔 밤 관능(官能)의 터널을 지나서야
환한 햇살에 이르고야 마는 것을
어깨에서 가슴으로 흘러내린 두 손에 깃발을 품어 안고
개안(開眼)하게 보여주시라

어디선가 손뼉을 치는 바람의 웃음이 밀려오리니
이마에서 이마로 흘러내리는 땀이 뺨을 적시고
숨소리가 목 주위로 퍼져
모든 소리가 일순 정지한 듯 잠시 세상이 출렁이리라

온몸을 음악에 담아 두 손을 치켜들고
박자에 맞춰 한 율동씩 몸을 뒤틀며 한 뼘씩 뒤돌아
풀밭 위를 맨발로 디디다 이윽고
가슴을 쫙 펴 허공의 대지에 드러내시라

우주의 정거장으로 오래오래 떠가는 고래처럼

먼 지평 위로 떠오르는 윤무(輪舞)를 마침내 보여주시라

어느덧

나는 어느덧이란 말이 좋다

어느덧
어느덧

그대가 알지 못하는 동안에
그대가 알지 못하는 사이에

어느덧
어느덧

어느덧에는 바람소리가 들어 있다
바람냄새가 들어와 머문다

그대가 돌아보지 않고
그대가 서성이지 않고

가는 발걸음에 바람이 뒤따라간다

어느덧
어느덧

바람이 그대보다 먼저 간다

안부

속초 보광사 스님이
어디 갔느냐고

누가 와 찾으면
잠깐 볼 일이 있어

저 바다에 나갔다고
영랑호 바다에 나갔다고

어부가 되어 저 바다에
흰 갈매기와 같이 있다고

바다의 경전(經典)을 읽고 있다고.

억새

이제 알 수 있어 분명히
당신의 입술 끝에 머무는
바람의 속마음까지

산에 들에 핀 억새는
날아오는 새떼들 없어도
사랑하는 기교를
홀로 바람부는 쪽을 향해
흔들리며 꿈꾸는 기교를 알지

그러나 우우 우리의
밤 깊은 강물에 발목을 적신
한 생애의 깊이는 누가 말해줄까

너와 내가 보지 못하는
드넓은 용서의 들녘에서
목을 곧추 세우고 서서
아침이면 꿈꾸듯 눈을 뜨고
오후면 투명한 햇살로 지상을 비추고픈

온몸으로 부르는 노래이고 싶어

뿌리까지 드러나도록
당신의 슬픔을 또는 한 세기의 슬픔을
온몸으로 떠받치고 섰는 억새로
바람보다 먼저 달려가고 싶어

너의 사랑

한때 너의 사랑을 꿈꾸었던
불 같은 사랑은
사월이 되매 더욱 그리워진다
집 없이 갈 길 또한 지평선을 향해 막막하고
사람 살아가는 모습 가끔씩 눈물 겨운
사월이 오면 꽃봉오리에 가 닿는 바람처럼
머물고 싶다. 머물러 혼의 종소리를 울리고 싶다
그러나 가고 오는 세월은
사랑을 덧없다 꿈같아라 이르고
먼 집 가까운 불빛 은은하게 앞길을 비추면
다시 살아가야 할 날이 오지게 서러웁다
시여 자유여
한때는 너의 사랑을 꿈꾸고
나와 너의 사랑이 이 세상에서
남겨놓은 그 무엇 흔적조차 없을지라도
버릴 수 없다. 이 사랑을 이 세상을
너의 숨결을 만지고픈 사월이 오면
들판에 노란 뫼꽃 한 우주로 열리고
강물에 띄어보는 붉은 연심이 더더욱
가슴을 찌르는 이 환한 날들 앞에서

만리동 고개에서 이틀

사랑을 말하지 않고는 이 고개를 넘을 수 없으리
만리동 고개에 내리는 눈을 맞으며
사랑한다 말 차마 못하고 너와 헤어지는
만리동 고개에 눈만 내려 쌓이네.
마포 용강동에서 왕십리 행당동까지
사람들은 내리는 눈을 가슴으로 받으며
걸었던 날들이 그리워지리
내 품에 얼굴 묻고 함께 걸었던
그날들을 잊지 못하리
내 어깨에 머리를 기대고
하염없이 내리는 희미한 가등 아래
눈발들을 잊지 못하리
차마 사랑한단 말 한마디 전하지 못하고
만리동 고개를 넘으며 내리는 눈을 밟아 가면
이 땅 어디선가 폭설 되어 지붕까지 쌓일
깊은 밤 소리 없이 슬퍼지는 어두운 그림자 보네.
명동이나 퇴계로에 내리는 눈도 이만 못하리
종로나 충무로에 내리는 눈도 이만 못하리
꽃 피는 봄 양수리에서 한강에 밀려와

공덕동 로터리를 지나 만리동 고개 슈퍼마켓까지 이를 때
사랑하는 이 없어도 잠깐 들러 담배 한 갑을 사고
눈 내리던 날 헤어짐을 기억하며 서 있으리
그 옛날 젊은 날의 만리동 고개에서 이틀

복효근

1991년 《시와 시학》으로 활동을 시작하였으며 〈예를 들어 무당거미〉, 〈중심의 위치〉 청소년 시집 〈세상에서 가장 따뜻했던 저녁〉, 시선집 〈어느 대나무의 고백〉, 디카시집 〈사랑 혹은 거짓말〉, 교육 에세이집 〈선생님 마음 사전〉 등을 출간.
시와시학상, 신석정문학상, 박재삼문학상, 한국작가상, 디카시 작품상 등을 수상.

시인의 말

등단작품이 「새를 기다리며」라는 작품이다. 장구한 세월을 거쳐 강 상류의 큰 바위들이 하류의 고운 모래가 된다. 고통과 고뇌의 돌멩이는 새알이 되고 모래벌판에서 알은 부화되어 새가 되어 날아오른다. 나는 오늘도 내 시가 저 하류에 이르러 새하얀 모래벌 그 어디에서 새로 부화하여 날아오르기를, 그 비상의 날갯짓 소리가 들려오기를 기다린다.

누 떼가 강을 건너는 법

건기가 닥쳐오자
풀밭을 찾아 수만 마리 누 떼가
강을 건너기 위해 강둑에 모여섰다

강에는 굶주린 악어 떼가
누들이 물에 뛰어들기를 기다리고 있었다

그때 나는 화면에서 보았다
발굽으로 강둑을 차던 몇 마리 누가
저쪽 강둑이 아닌 악어를 향하여 강물에 몸을 잠그는 것을
악어가 강물을 피로 물들이며
누를 찢어 포식하는 동안
누 떼는 강을 다 건넌다

누군가의 죽음에 빚진 목숨이여, 그래서
누들은 초식의 수도승처럼 누워서 자지 않고
혀로는 거친 풀을 뜯는가

언젠가 다시 강을 건널 때

그중 몇 마리는 저쪽 강둑이 아닌
악어의 아가리 쪽으로 발을 옮길지도 모른다

어느 대나무의 고백

늘 푸르다는 것 하나로
내게서 대쪽 같은 선비의 풍모를 읽고 가지만
내 몸 가득 칸칸이 들어찬 어둠 속에
터질 듯한 공허와 회의를 아는가
고백컨대
나는 참새 한 마리의 무게로도 휘청댄다
흰 눈 속에서도 하늘 찌르는 기개를 운운하지만
바람이라도 거세게 불라치면
허리뼈가 빠개지도록 휜다, 흔들린다
제때에 이냥 베어져서
난세의 죽창이 되어 피 흘리거나
태평성대 향기로운 대피리가 되는,
정수리 깨치고 서늘하게 울려 퍼지는 장군죽비
하다못해 세상의 종아리를 후려치는 회초리의 꿈마저
꿈마저 꾸지 않는 것은 아니나
흉흉하게 들려오는 세상의 바람소리에
어둠 속에서 먼저 떨었던 것이다
아아, 고백하건대
그놈의 꿈들 때문에 서글픈 나는

생의 맨 끄트머리에나 있다고 하는 그 꽃을 위하여
시들지도 못하고 휘청, 흔들리며, 떨며, 다만
하늘 우러러 견디고 서있는 것이다

버팀목에 대하여

태풍에 쓰러진 나무를 고쳐 심고
각목으로 버팀목을 세웠습니다
산 나무가 죽은 나무에 기대어 섰습니다

그렇듯 얼마간 죽음에 빚진 채 삶은
싹이 트고 다시
잔뿌리를 내립니다

꽃을 피우고 꽃잎 몇 개
뿌려주기도 하지만
버팀목은 이윽고 삭아 없어지고

큰바람 불어와도 나무는 눕지 않습니다
이제는
사라진 것이 나무를 버티고 있기 때문입니다

내가 허위허위 길 가다가
만져보면 죽은 아버지가 버팀목으로 만져지고
사라진 이웃들도 만져집니다

언젠가 누군가의 버팀목이 되기 위하여

나는 싹 틔우고 꽃 피우며

살아가는지도 모릅니다

예를 들어 무당거미

무당이라니오
당치 않습니다
한 치 앞이 허공인데 뉘 운명을 내다보고 수리하겠습니까

안 보이는 것은 안 보이는 겁니다
보이는 것도 다가 아니고요

보이지 않는 것에 다들 걸려 넘어지는 걸 보면
분명 보이지 않는다고 없는 것은 아니지요
그 덕분에 먹고 삽니다

뉘 목숨줄을 끊어다가 겨우 내 밥줄을 이어갑니다*
　내가 잡아먹은 것들에 대한 조문의 방식으로 식단은 늘 전투식량처럼 간소합니다

용서를 해도 안 해도 상관없습니다
달라지는 것은 하나도 없으니까요
작두라도 탈까요

겨우 줄타기나 합니다
더러 하루살이 한 마리에도 똥줄이 탑니다

무당이라니오
하긴 예수도 예수이고 싶었을까요

신당도 없이 바람 막아줄 집도 정당도 없이
말장난 같은 이름에 갇힌 풍찬노숙의 생

무당 맞습니다
그래서 어쩌라고요

*신휘 시인의 「실직」의 한 구절 변용함

마늘촛불

　삼겹살 함께 싸 먹으라고
　얇게 저며 내놓은 마늘쪽
　초록색 심지 같은 것이 뾰족하니 박혀 있다
　그러니까 이것이 마늘어미의 태 안에 앉아 있는 마늘아기와 같은 것인데
　알을 잔뜩 품은 굴비를 구워 먹을 때처럼
　속이 짜안하니 코끝을 울린다
　무심코 된장에 찍어
　씹어 삼키는데
　들이킨 소주 때문인지
　그 초록색 심지에 불이 붙었는지
　그 무슨 비애 같은 것이 뉘우침 같은 것이
　촛불처럼
　내 안의 어둠을 살짝 걷어내면서
　헛헛한 속을 밝히는 것 같아서
　나도 누구에겐가
　싹이 막 돋기 시작한 마늘처럼
　조금은 매콤하게
　조금은 아릿하면서
　그리고 조금은 환하게 불 밝히는 사랑이고 싶은 것이다

저녁 강에서

사는 일 부질없어
살고 싶지 않을 때 하릴없이
저무는 강가에 와 웅크리고 앉으면
내 떠나온 곳도
내 가야 할 그곳도 아슴히 보일 것만 같으다

강은 어머니 탯줄인 듯
어느 시원始原에서 흘러와 그 실핏줄마다에
하 많은 꽃
하 많은 불빛들
안간힘으로 매달려 핀다

이 강에 애면글면 매달린 저 유정무정들이
탯줄에 달린 태아들만 같아서
강심江心에서 울리는 소리
어머니 태반에서 듣던 그 모음만 같아서
지금은 살아있음 하나로 눈물겹다

저문 강둑에 질경이는 더욱 질겨

보일 듯 말 듯 그 끝에 좁쌀 같은 꽃도 부질없이 핀다
그렇듯
세상엔 부질없지 않은 것이 하나도 없어
오늘 밤 질경이꽃 한 톨로
또한 부질없는 것이 하나도 없다

아직 하류는 멀다
언젠가 이 탯줄의 하류로 하류로 가서
더 큰 자궁에 들어 다시 태어날 때까지는
내일도 나는 한 가닥 질경이로
살아야겠는 것이다

저 하류 어디쯤에 매달려
새로이 돋는 것이 어디 개밥바라기별뿐이겠느냐
나는 다시 살고만 싶다

새를 기다리며

청동빛 저무는 강

돌을 던진다

들린다 강의 소리

어머니 가슴에서 나는 소리가 그러했지

바위를 끌어안고 제 몫의 아픔만큼 깊어지는 강의 소리

새벽 강은 가슴 하류에 희디흰 새 모래를 밀어내고

모래 위엔 이슬 젖어 빛나는 깃털 몇 개

비상의 흔적으로 흩어져 있었지

그 기억으로

새 한 마리 기다려

돌을 던진다 절망절망 부서진 바위 조각을 던진다

부질없을지라도

그 부질없음이 비워놓은 허공을

돌은 날고 있을 때 한 마리 새를 닮는다

강물 속에서 돌은 새알이 된다

보인다 이윽고

닳아진 돌의 살갗 밑으로 흐르는 피

맑아진 하류의 강물 속

던져진 돌은 기억하고 있다

용암을 흩뿌리던 화산 근처에서 씨알을 찾던

지금은 화석이 된 시조새의 형상을,

돌을 던진다

미망의 어둠 속

바위를 삼켜 새를 빚어내는 어머니의 가슴 그 빛나는 강

하류의 모래밭에서

부화하여 날아오를 한 마리

새를 기다리며

매화찬

가령
이렇게 섬진강 푸른 물이 꿈틀대고 흐르고
또 철길이 강을 따라 아득히 사라지고
바람조차 애무하듯 대숲을 살랑이는데
지금
이 강언덕에 매화가 피지 않았다고 하자
그것은, 매화만 홀로 피어있고
저 강과 대숲과 저 산들이 없는 것과 무에 다를 거냐
그러니까 이 매화 한 송이는
저 산 하나와 그 무게가 같고
그 향기는 저 강 깊이와 같은 것이어서
그냥 매화가 피었다고 할 것이 아니라
어머, 산이 하나 피었네!
강 한 송이가 피었구나! 할 일이다
내가 추위 탓하며 이불 속에서 불알이나 주무르고 있을 적에
이것은 시린 별빛과 눈맞춤하며
어떤 빛깔로 피어나야 하는지와
어떤 향기로 살아야 하는지를 배우고 연습했을진대
어머, 별 한 송이가 피었네! 놀랄 일이다

벙긋거릴 때마다

어디 깊은 하늘의 비밀한 소식처럼이나 향그로운 그것을

공짜로 흠흠 냄새 맡을 양이면

없는 기억까지를 다 뒤져서 늘어놓고

조금은 만들어서라도 더 뉘우치며

오늘 이 강변에서

갓 핀 매화처럼은 으쓱 높아볼 일인 것이다

춘향의 노래

지리산은
지리산으로 천년을 지리산이듯
도련님은 그렇게 하늘 높은 지리산입니다

섬진강은
또 천년을 가도 섬진강이듯
나는 땅 낮은 섬진강입니다

그러나 또 한껏 이렇지요
지리산이 제 살 속에 낸 길에
섬진강을 안고 흐르듯
나는 도련님 속에 흐르는 강입니다

섬진강이 깊어진 제 가슴에
지리산을 담아 거울처럼 비춰주듯
도련님은 내 안에 서 있는 산입니다

땅이 땅이면서 하늘인 곳
하늘이 하늘이면서 땅인 자리에

엮어가는 꿈
그것이 사랑이라면

땅 낮은 섬진강 도련님과
하늘 높은 지리산 내가 엮는 꿈
너나들이 우리
사랑은 단 하루도 천년입니다

섬진강
- 섬진강에서. 1

어머니 보릿고개
명주실꾸리 같은 이야기 하나가
끝없는 강줄기에 이어지는 곳

흘러온 만큼의 세월로 깊어지면서
지리산을 오롯이
제 품에 안고

비우고 비워내는
물의 가슴에
사금파리를 버무린
갈증의 바위들이 삭고 있다

산전수전 다 겪은
눈물들이
어깨 곁고 출렁이고 있다

지리산 아버지 돌아와

겸상하여 마주 앉은
열아홉 어머니 앙가슴 속
푸른 강 한 줄기 바다로
바다로 깊어지고 있다

장진희

1961년 진도에서 태어나 목포에서 자람.
젊어서 서울 살 때 출판편집인, 자유기고가, 대필작가.
서른일곱 살 때 무주로 귀농, 이후 진도로 귀농, 이때 쓴 〈가난이 살려낸 것들〉이라는 제목의 책을 아직 출판하지 못하고 있음.
오일장에서 진도 미역 등을 파는 장돌뱅이 13년째, 장터에서 만난 이야기를 월간 《전라도닷컴》에 연재중.
시 쓰기를 좋아하는 사람, 순천작가회의에서 내는 〈사람의 깊이〉 등에 시 발표.

시인의 말

섬진강 지류인 보성강 강가마을, 앞산은 첩첩산중이다. 계절은 쉬임 없이 흐르고, 그 계절을 맞이하고 보내면서 산다. 우리 집 진돗개의 목줄을 풀어주고 인적 드문, 강을 따라 나 있는 강기슭 길을 걷는다. 하루 팔만사천 갈래 생각이 오간다는 강·숲 밖의 일을 접는 시간. 강가에 앉아 시를 쓴다, 숲에 들어 시를 쓴다. 날마다 좀 더 가벼워지는가, 자유로워지는가.

늪

흐르고 싶지 않은 물이 있다

더 이상 바다가 그립지 않은 물도 있다

행군하는 대열에서 빠져나와 가만히 앉아 있고 싶은 물도 있는 것이다

강 모퉁이 돌아 외진 숲속 숲보다 낮게 낮게 숨어

늙고 비틀어진 나무와 갈대 억새 엉클어지고 마른 풀잎들 자리잡는

고요하고 자유로운 곳

여기에도 살아 움직이는 것들이 찾아온다

물은 내 몸 어딘가에서 솟아 마르지 않으니

그리 멀리 가지 않아도

세상은 여기 작은 늪에 모두 고인다

하늘이 고인다

봄 쑥

울분과
뒤따라온 온갖 분노와
절망과
죽음의 세상을
헤매다 돌아오니

아가
에미 젖이 부는구나
봄바람 잦아들었다
양지 바른 땅에 엎드려 보렴

어머니 땅이 봄 쑥
밀어올려 놓았네

아가
쑥국을 끓여야지
머웃잎 뜯어다 된장에 쌈을 싸야지
돌나물도 첫물 솔도 뜯고
고수 싹도 솎아다

한꺼번에 버무리렴

아가
먹고 기운 내야지

봄도 금방 지나간단다
세상에 변하지 않는 건
아무것도 없단다

가을 강

저마다 세상에서 가장 아픈 상처
보석처럼 내밀어 떠들던 사람들 떠나고
제 슬픔을 비출 수 없는
마른 가을 강
바위 위에 앉았던 하얀 물새들도 하나둘 날아올라
서녘 하늘 붉은 노을 속으로 떼를 지어 떠났다
강기슭 비탈진 숲속
어둠이 짙게 배어들어
오늘 하루 아무 일도 일어나지 않았다
아무도 아프지 않았다
하루씩 하루씩 사그라드는
옹이진 나무들 속은 누가 알까
밤벌레는 그 사연 짚어서
저리 깊이 울어대는가

억수장마

쏟아붓는 빗줄기가 하늘과 땅을 잇는다

억수장마 지루한 농꾼들
주모네 탁자에 막걸리 두어 병 올려놓고
하나둘 모여들었다
주모가 호박전 부치는 소리 지글지글
쏟아지는 빗소리 자글자글 어우러진다

질척거리는 밭에 들어가 틈틈이 매는 풀은
다 매기도 전에 뒷이랑 끝에서 성성히 살아나 다시 쫓아오고
따온 붉은고추는 언제 해 나서 다 말릴까

불어난 강물 위대한 물살 거침없고
강 건너 숲은 무성해 사람 발길 허락치 않는데
멧돼지 고라니 무시로 나타난다

산 밑에 밭에서 풀매다 멧돼지 새끼가 돌아댕기길래 잡아갖고 내려오다 그만 에미한테 당하고 말았디야
새끼가 보이면 주위에 에미가 있을 거잉게 손대면 안 된당께

나 어려서 우리 동네 아짐이 젊은 일인디
산밭에 호랭이새끼 한 마리가 내려왔드랴
시상 모든 어린것들은 얼매나 이쁜가
이 아짐 호랭이새끼 붙안아다가
아이고 이쁘네
얼르고 쓰다듬고 활짝활짝 웃었디야
해 넘어가는 줄도 모르고 있는디
얼핏 뭔 느낌이 와서 고개 들어 숲 쪽을 보니
커다란 호랭이가 서 있드랴
에고머니나! 놀라 자빠졌다
망태기고 뭐이고 다 팽개치고 냅다 집으로 달려왔드랴
겁이 나서 밭에 갈 엄두가 안 나는데
다음날 새벽에 보니까
호랭이가 망태기를 물어다 문 앞에 놓아 두었드랴
지 새끼 이뻐한 사람을 어째 해꼬지 할 것인가
이 아짐 마음이 따듯해져 산밭에 자꼬 가고 싶드랴

오리 걸어 돌아오는 길에
앞을 막고 가로지르는 달팽이 한 마리 지나가길 기다린다

실지렁이 나와 놀다
풀섶에 숨어 있던 두꺼비한테 잡아먹힌다

신성한 땅 신성한 목숨들
숨어 있다 만나는 장마

물난리 속에서

울지 마라 악아
괜찮허다
사람이 이래 놓았으믄
분하고 억울하고
원한이 사무쳤겄제만
하늘이 이래 놓은 걸 어짤 것이냐
누구를 탓할 것이냐
댐이 없었으믄 이라든 안 했을랑가
댐 막아 물장사 한다고 욕심 부려서 더했는가 그거이 맘에 걸린다만
사람들이 그러는구나
기양 폭우가 아니라 기후위기라고

자는 거 먹는 거 심란하기 짝이 없제만
먼 데서 사람들 달려와서
살림도 치워주고 밥도 해주고
긍께 인자사 눈물이 난다

집앞마다 못 쓰게 된 살림살이 산더미처럼 쌓이고
쓸 만한 거 한나라도 챙겨볼랔 한께

참 뭣을 이리도 많이 쟁여두고 살었는가
냉장고에는 언제 다 먹을랑가 가득한 음식
몸뚱이 편하자고 온갖 살림살이 들여 놓았었구나

차라리 썬하다
내 손으로 못 치운께
물이 와서 치워부렀다
인자 그라고 안 살란다
인자 도배 장판 새로 해놓으믄
간단하고 정갈하게 살란다

느그 성도
축사다 하우스다 빚 내고
몸 고생 마음 고생 무던히도 했다만
한순간 물거품이 돼부렀다
이라고 되고 본께
다 욕심이었어야
다시 일어설 수 있을랑가 몰르겄제만
인자는 그라지 말작 해야 쓰겄다

하우스에서 비니루들 걷어내고 본께
작물 농사가 아니라 비니루 농사였구나

동네 옆에 농산물 작업장도 물에 잠겼었는디
높디높은 창고마다 박스고 투명 플라스틱 케이스고 한가득 쌓아졌 던 거 치우니라고 겁도 안 나드라
더러 위에 멀쩡한 것도 있는디 아까워라
그거 추려내는 거이 답이 안 나온다고
모다 지게차로 쓸어담드라
아이고 죄받겄다

저 쓰레기들은 또 어디로 가끄나
우리 도와준다고 와서 밥해주던 디서도
동네 사람들 한끼 먹고 난께
일회용 그럭이고 젓가락이고 페트병이고 몇푸대 나오든만
코로나 땜시라도 어짤 수 없단디
동네 회관에 그전에 쓰든 식기 다 있는디
요새는 설거지 무사서 쓰들 안 헌다

땅이고 바다고 저 쓰레기 땜에 병이 단단히 들었는디
어째 우리가 이라고 산다냐

인자는 우리가 쟁여놓고 벌여놓은 거
치우고 단도리 함서 살아야 쓰것다
댐도 하나씩 부수고 째끄맣게 만들자 하고
바다고 강이고 산이고
원래 지 자리 돌려주고
우리가 뱉어놓은 거 치움서 살아야 쓰겄다
너머 늦었닥 하드라
인자 죽을 수 백에 없닥 하드라
그래도 사는 날까지는
죄닦음하고 살아야 쓰겄다
인자 태어난 우리 새끼들은 뭔 죄냔 말이여

백일홍

마음이 찢어지고 해진 이는
그리움의 바늘로
아름다움을 찾아 한 땀 한 땀
붉은 실로 기워
길을 간다

엄마 없는 사람

모내기 하고
쌀꽃이 피고
그 햅쌀 거두도록
밥 안치는 엄마 곁에서
피었다 지고
지었다 또 피는
백일홍

엄마가 머리를 누이는 베갯잇에 수놓인
얼굴 파묻는 엄마 치맛폭에 수놓인
백일홍

꽃 지천으로 피어

세상에 모든 엄마

엄마 엄마

부르며 간다

저녁 노을

아무래도 내 고향은
저기 어디쯤인갑다
타향살이마냥
고단한 하루 끝에
하늘을 올려다보니

가을

강물 맑은
낮고 오래된 다리에
사람 하나
쪼그리고 앉아 있다

하늘에서 떠돌던
시
비로소 내려와 앉는다

이름

모든 이름은 낯설다
누군가 내 이름을 부르면 한 박자 뒤에 아, 참! 나구나 하고 대답한다
누군가 시인이라 부르면 내 뒤에 시인이 있나 뒤를 돌아본다
바닷가 마을 아이들이 선생님이라 불러줄 때는 따뜻했다
아들이 태어나 엄마라 불러줄 때는 눈물이 났다

바람 불어 숲이 하얗게 뒤집어지던 날
하늘이 맑고 투명한 날
온 우주의 별만큼 수많은 나무 이파리들이 낱낱이 빛을 반짝이던 날
그런 날 밤
지붕 위로 북두칠성이 떨어지고 있다
까만 밤에서 튀어나온 일곱 개의 빛 몸뚱이가 줄지어
내 이름을 부르며 달려 오고 있다
지상에는 없는 이름

반달이 싹을 틔워

낮에 나온 반달이 기울면서
서산에 등을 기대고 누웠다
할매가 그랬다
세상의 모든 씨앗은
땅에 등만 대도 싹을 틔운다고
반달이 싹을 틔워
거대한 달 나무가 될 것 같다
금빛 찬란한 달 나무가
산골 초가삼간 지붕 위에서 자란다

박두규

1985년 〈남민시(南民詩)〉 창립동인으로 작품 활동 시작. 시집으로 〈은목서 피고 지는 조울(躁鬱)의 시간 속에서〉 등 6권과 산문집으로 〈생(生)을 버티게 하는 문장들〉 등 2권.

시인의 말

강물은 이미 협곡의 사이를 흐를 때나 들녘을 가르며 흐를 때부터, 아니 처음부터 바다다. 세상의 모든 물방울 하나하나가 다 바다다. 그래도 강은 바다까지 흘러가야만 강이다. 바다에 이르러 한 몸이 되어도 강은 강인 채로 바다의 중심을 가르며 흘러야 강이다. 하지만 나는 스스로 강이라는 생각을 하지 못했다. 나는 한순간도 멈추지 않고 이승의 세월을 흘러야 하는 물줄기라는 것을, 나는 이미 강이었고 기필코 바다에 닿아야 한다는 것을.

강을 바라보다

두텁나루숲에 앉아 강을 바라본다. 저 강의 흐름처럼 오로지 한 생각만 바라볼 수 있으면 좋겠다. 강물은 끝내 바다에 이르러 스스로 소멸하듯, 생각의 끝에 이르러 내 망상의 세월이 다하면 나도 어느 새벽 낯선 바다의 수평선에 닿을 수 있을까. 흐르는 일의 일상을 산다 해도 끝없이 거슬러 오르는 욕된 생각들, 그리운 사람도 바라던 일들도 모두 잊고 등을 돌려 저 강처럼 흐를 수는 없을까. 검붉은 노을 속 강 하나, 어둠 속에서 홀로 빛난다.

나마스카

그대의 영혼에 안부를, 나마스카
강 노을과 함께 산마루에 해가 저물고
이승의 하루가 스러지는 시간이 되어서야
겨우 그대를 떠올리게 됩니다
세상 속 홀로 저무는 하루를 보며
아직도 남아 있는 내 안의 외로움과 두려움으로
하루의 끝에서 그대를 생각합니다
나마스카, 아름다운 내 영혼 그대여
종일토록 그대를 찾아 헤맨 고단한 육신도
말없이 곁을 지켜준 모든 것들에도
어둠 속 야윈 달빛에 기대어 안부를 전합니다
나마스카, 깊은 밤 고요를 흐르는 은하여
아직도 세상의 화려한 불빛을 좇아 흐르는 저에게
별빛에 젖은 촉촉한 눈망울과
숲속의 부드러운 바람결을 기억하게 하소서
그것이 모두 그대가 보내는 안부임을 알게 하소서
나마스카, 사랑인 줄 알게 하소서

사랑은 홀로 어둠의 숲을 헤매고

저물녘, 계곡을 거슬러 오른다.

산은 제 그늘에 덮여 어둡고

물소리는 그치지 않는 제 소리가 슬프다.

종일토록 한 마디 말도 없이 보냈으나

끝내 고요에 이르지 못했다.

아직도 사랑은 홀로 어둠의 숲을 헤매고

하나 둘 늘어나는 초저녁별과 함께 또 하루가 간다.

알 수 없는 두려움과 함께 어둠이 오고

바람 속 휘파람 소리에 한껏 고적해진 넋은

어둠의 구석지에 쪼그려 앉아

칠흑의 어둠 속 어둠에게 묻는다.

고요의 뿌리는 어디쯤에 있는가.

그대는 어디서 아침을 깨워 데려오는가.

그렇게 그대가 오면

숲길에서 꽃 한 송이에 걸음이 멈추면
나는 그 꽃입니다.

밤하늘 바라보다 별 하나 눈 마주치면
나는 그 별입니다.

세상의 어떤 슬픔 하나 마주쳐도
나는 그 슬픔입니다.

어느 순간, 그대가 오면
나는 그대일 뿐입니다.

저녁 강

어두워지는 하루의 끝자락에 앉아
서서히 빛을 발하는 강줄기를 본다.
별들은 강둑에 숨어 어둠을 기다리고
강에는 어김없이 물고기들이 뛰고 있다.

나는 아직도 그들이 뛰는 이유를 모른다.
그랬지. 이유 따위는 생각하지 않기로 했지.
누군가가 떠나면 떠나는 것일 뿐이지.
그렇게 어둠은 서서히 두텁나루에 닿았다.

이제 강을 건너려는 일은 그만두고
강을 바라보는 일에 열중하리라.
바람이 부는 일이나 어둠이 내리는 일이나
또는 아침이 오는 것처럼
늘 그렇게 저절로 그러하듯이
있는 그대로 살아가는 것에 힘쓰리라.

하나 둘 켜지는 먼 마을의 불빛들
차분하게 어둠을 맞이하는 이런 저녁처럼

이제 강을 건너려 하기보다는
강을 바라보는 일에 열중하리라.

헛꽃

-산수국꽃은 너무 작아 꽃 위에 또 헛꽃을 피워 놓고
제 존재를 수정해 줄 나비 하나를 기다린다.

숲에 들어 비로소 나의 적막을 본다.

저 가벼운 나비의 영혼은 숲의 적막을 날고

하얀 산수국, 그 고운 헛꽃이 내 적막 위에 핀다.

기약한 세월도, 기다림이 다하는 날도 오기는 오는 걸까.

이름도 없이 서 있던 층층나무, 때죽나무도 한꺼번에 슬퍼지던 날

그리운 얼굴 하나로 세상이 아득해지던 날

내 적막 위에 헛꽃 하나 피었다.

홀로 깨어 두텁나루숲 창문을 열고

어둠 속 홀로 깨어 창문을 여니
한줄기 서늘한 바람이 이마를 스쳐 갑니다.
몸이 깨어나고 세상이 다시금 열리고
이 모든 것이 고맙습니다.

창밖에는 강물이 흐르고
세상 모든 것들이 고요 속에 흘러갑니다.
아직 잠에서 깨지 않은
강가의 물푸레나무나 어린 고라니의 꿈들도
강물을 따라 그대의 바다로 흘러가고 있겠지요.
나는 언제나 허물을 벗고
저들의 사소한 꿈들과 함께 흐를 수 있을까요.

숲의 나무들 사이로 햇살이 화살처럼 내리꽂고
새들이 힘찬 날갯짓으로 강을 거슬러 오르는
모든 생령生靈들의 눈부신 아침
이토록 선명한 당신의 모습을 보며
나는 언제나 그대를 살 수 있을까요.

生은 끝내 자신을 사는 것일 뿐이라는
이 가여운 목소리를 벗어나
언제나 그대의 고요에 이를 수 있을까요.
언제나 오랜 꿈에서 깨어
푸른 영혼의 숲
그 실재實在를 숨 쉴 수 있을까요.

어디에서 왔나. 이 향기

숲에 왔으나 숲은 없고

어린 편백들이 옹알옹알 자라고 있었다.

그 숲에서 나는 하루에도 서너 번 길을 잃는다.

잃어버린 길 위에도 바람은 불고

부는 바람에는 꽃들의 향내가 가득하다.

어디에서 왔나. 이 향기

궁륭의 하늘 그 끝에서 오신 것인가.

비로소 어머니가 입혀주신 배냇저고리를 벗고 싶었다.

그대는 이렇게 늘 일상으로 건너오건만

나도 그렇게 그대의 일상으로 건너가고 있는지.

매일 아침 새로운 세상이 열리는 것을 놓치지는 않는지.

내가 놓아준 물고기 한 마리는

푸른 하늘을 헤엄쳐 그대에게 이를 수 있는지.

눈부신 어둠

　나무는 평생 제 자리에서 오롯이 모진 비바람을 받아낸다. 뿌리 내리는 것들의 정성이 이러한데 나는 꽃도 그늘도 너무 쉽게 얻었다. 어디든 갈 수 있는 것이 자유가 아니고 평생 오갈 데 없다는 것 또한 절망이 아니라며 나무는 세속의 견고한 일상을 사는데 나는 왜 지금껏 스스로의 꽃도 그늘도 없이 비속非俗의 길을 가고자 했던가. 밤하늘의 별을 빛나게 하는 건 어둠이니 어둠도 눈부신 어둠, 그런 어둠이길 바란다. 사랑은 늘 어리석음의 꼭지에 있어 위태롭다 해도 그 어리석은 사랑에 이를 수 있기를 바란다.

가여운 나를 위로하다

툇마루에 앉아 강물을 바라본다. 의심도 없이 그대를 좇아온 세월은 아직도 강물을 거슬러 오르고 있다. 그대의 환영幻影을 노래한 시詩들도 은어의 무리처럼 거침없이 따라 오른다. 이승의 시간이 다하기 전, 그대를 한번 만날 수 있을 거라는 이 생각만이 아직도 늙지 않았다. 나는 이미 강의 하류에 이르렀건만 지금도 강물을 거슬러 오르는 이 허튼 생각만이 남아 가여운 나를 위로한다.

박남준

시집 〈어린 왕자로부터 새드 무비〉, 〈중독자〉, 〈적막〉, 〈다만 흘러가는 것들을 듣는다』〉, 〈그 숲에 새를 묻지 못한 사람이 있다〉 등과 산문집으로 〈안녕♡바오〉 〈꽃이 진다 꽃이 핀다〉 등.
천상병시문학상, 아름다운 작가상, 조태일 문학상, 임화문학예술상 수상.

시인의 말

"혼자 시를 쓰고 즐거웠다. 그러나 그 시가 혼자만 살기 위한 것이라면 나는 그런 시 쓰지 않을 것이다. 혼자만 즐거운 시라면 기꺼이 쓰레기 더미에 던져 버릴 것이다.
절망하는 이들의 가슴에 다가갈 수 있다면 함께 그 절망의 절망을 나누는 위안이 될 수 있다면 나의 시는 기쁨을 버리고 절망으로 내디딜 것이다."
젊은 날 시는 내게 무엇인가, 시인 정신에 대해 쓴 글 중에 나는 이렇게 쓰고 있었다. 아직도 이 글귀는 내게 유효기간이다.

저녁 강이 숲에 들어

강에 나가 저녁을 기다렸네
푸른빛이 눈부신 은빛이
전율처럼 노을을 펼쳐 파문의 수를 놓고 있네
이럴 때면 눈물이라도 찍어내고 싶은데
황금빛 능라의 베틀을 걸어
수만수천 구비 노래하는 물결들
단숨에 물들이는 시간 말이야

누군가는 저 강에 들어
생의 마침표를 찍고 싶다 하였네
사람도 숲에 들면 고요해지듯이
내리꽂고 솟구치며 세상의 낮은 곳으로 노래하다
분노하여 범람하고 길이 막혀 신음하던 강물도
반짝이는 모래톱과 화엄의 바다 가까이 가닿을 거야
거기 갈대의 숲
안식에 든 숨결들을 생각하며
자장자장 찰랑이다 잦아들겠지

저녁 강은 바다에 이를 것이네

숲에 들 수 있겠지 그곳에서는
비상하던 새의 허공도
낡고 고단했을 발자국도
적멸에 안길 것이네

나무, 폭포, 그리고 숲

1

미루나무가 서있는 강 길을 걷는다 강 건너 마을에 하나 둘 흔들리며 내걸리는 불빛들, 흔들리는 것들도 저렇게 반짝일 수 있구나 그래 별빛, 흘러온 길들은 늘 그렇게 아득하다 어제였던가 그제였던가 그토록 나는 저 강 건너의 불빛들을 그리워하며 살아 왔던 것이구나

저 물길의 어디쯤 징검다리가 있을까 한때 나의 삶이 강가에 이르렀을 때 강 건너로 이어지던 길, 산 너머 노을이 피워놓은 강 저쪽 꿈꾸듯 흐르던 금빛 물결의 길을 물어 흘러갔다
그 강가에 지고 피던 철마다의 꽃들이여 민들레여 쑥부쟁이여 강 저편 푸른 미루나무는 바람에 흔들리며 손짓하고 그때마다 산그림자를 따라 새들이 날아올랐다
새들, 새들의 무덤을 보고 싶었지 나무들이, 바람이, 저 허공 중의 모든 길들이 풀어놓은 새떼들이 돌아가 눕는 곳 저 산, 저 물길이 다하여 이르는 곳일까 미루나무의 강 길을 따라 걸었다 따뜻한 불빛들이 목이 메여 왔다

2

바람에 흔들리는 나무들, 흔들리며 손짓하는 나무들의 숲에 다가갔다 숲을 건너기에 내 몸은 너무 많은 것들을 버리지 못했다 지나간 세상의 일을 떠올렸다
내 안에 들어와 나를 들끓게 하였던 것들, 끝없는 벼랑으로 내몰고 갔던 것들, 신성과 욕망과 내달림과 쓰러짐과 그리움의 불면들
무릎을 꿇었다 꺾여진 것은 내 무릎만이 아니었다 울컥울컥 울컥울컥 너도 어느 산천의 하늘에서 길을 잃었던 것이냐 산비둘기의 울음이 숲을 멀리 가로지른다

3

구비구비 흘러온 길도 어느 한 구비에서 끝난다 폭포, 여기까지 흘러온 것들이 그 질긴 숨의 끈을 한꺼번에 탁 놓아버린다
다시 내게 묻는다 너도 이렇게 수직의 정신으로 내리꽂힐 수 있느냐 내리꽂힌 그 삶이 깊은 물을 이루며 흐르므로, 고이지 않고 비워내므로 껴안을 수 있는 것이냐 그리하여 거기 은빛 비늘의 물고기 떼, 비바람을 몰고 오던 구름과 시린 별과 달과 크고 작은 돌이며 이끼들 산그늘마저 담아내는 것이냐

일생을 수직의 삶으로 살아왔던 것들, 나무들이 가만히 그 안을 기웃 거린다
물가에 앉아 잠긴다 지나온 시간, 흘러온 내 삶의 길, 그 길의 직립보행에 대해 생각한다 당당했던가 최선이었던가 그 물가에 다가가 얼굴을 비춰본다

4
내 안의 그대 산다는 것은 가까이 혹은 멀리 마주 보고 있는 것 어깨를 끌어안고 다독여 주는 것 말없는 이야기도 가만히 들어주는 것 변함없는 것 나눠지 않는 것 눈을 감을수록 밀려오는 것 밀려와 따뜻한 불빛으로 환하게 밝혀주는 것 그리하여 서로의 눈동자에 눈부처를 새기며 오래오래 잊지 않는 것 함께 가는 것

5
비로소 숲을 이루는 것이다 나무와 나무와 나무와 그대와 그대의 그대와 그대의 모든 것들과 나의 어제와 나의 오늘과 나의 내일과 그 숲 속에 눕는다 언제인가 숲이 눕고 숲이 다시 일어났듯이 내

안의 삶들도 다하고 일어나기를, 오래 누웠던 자리에 숲의 고요가 머물렀다 한 걸음 한 걸음 그대 또한 그 숲에 멀어지거나 가까이 있었다

따뜻한 얼음

옷을 껴입듯 한 겹 또 한 겹
추위가 더할수록 얼음의 두께가 깊어지는 것은
버들치며 송사리 품안에 숨 쉬는 것들을
따뜻하게 키우고 싶기 때문이다
철모르는 돌팔매로부터
겁 많은 물고기들을 두 눈 동그란 것들을
놀라지 않게 하려는 것이다

그리하여 얼음이 맑고 반짝이는 것은
그 아래 작고 여린 것들이 푸른빛을 잃지 않고
봄을 기다리고 있기 때문이다

이 겨울 모진 것 그래도 견딜 만한 것은
제 몸의 온기란 온기 세상에 다 전하고
스스로 차디찬 알몸의 몸이 되어버린
얼음이 있기 때문이다
쪼그치고 내몰린 것들을 껴안고
눈물지어본 이들은 알 것이다
햇살 아래 녹아내린 얼음의 투명한 눈물자위를

아 몸을 다 바쳐서 피워내는 사랑이라니
그 빛나는 것이라니

슬픔

　흰 종이 위에 새라고 쓰고 나는 세상의 흐르는 강물들이 그러했듯이 별을 향해 걸어갔다 떡갈나무 작은 숲을 지나 소나무 숲의 그늘 아래 내 어린 날개를 묻었던 애장사리, 숲은 스스로 깊어져 길을 버리고 길이 끝난 곳에 먼저 날아간 새는 별이 되었을까 나는 아직 기억상실증이므로 잊혀졌는데 병으로 얻은 슬픔은 내 별의 중력에 자유로울까 더 가벼워져야겠는데 기다려야 하나 날아가야겠는데 그때 무덤 위 와불처럼 피어난 도라지꽃 한 송이 아— 내 날개 처음 같은 도라지꽃 그 곁에 누우니 비로소 강물은 흐르고 돌아오는가 바람을 타고 달려오는 새떼 새떼들 이제 날개를 돌려줘

　흰 종이 위에 새— 도라지꽃이라고 쓰자 도라지꽃 한 송이 별을 따라 흘러간다

먼 강물의 편지

여기까지 왔구나
다시 들녘에 눈 내리고
옛날이었는데
저 눈발처럼 늙어가겠다고
그랬었는데

강을 건넜다는 것을 안다
되돌릴 수 없다는 것도 안다
그 길에 눈 나리고 궂은 비 뿌리지 않았을까
한 해가 저물고 이루는 황혼의 날들
내 사랑도 그렇게 흘러갔다는 것을 안다
안녕 내 사랑, 부디 잘 있어라

이사, 악양

결국 남쪽 악양 방면으로 길을 꺾었다

하루종일 해가 들었다

밥을 짓고 국 끓이며

어쩌다 생선 한 토막의 비린내를 구웠으나

밥상머리 맞은 편

내 뼈를 발라 살점을 얹어 줄 사람의

늘 비어있던 자리는 달라지지 않았다

이따금 아직도 낯선 아랫마을 밤 개가

컹컹거리며 그 부재의 이유를 묻기도 했다

별들과 산 마을의 불빛들은

결코 나뉠 수 없는 우주의 경계로 인해

밤마다 한 몸이 되고는 했다

부럽기도 했다 해가 바뀔수록

검던 머리 더욱 희끗거리고

희끗거리며 날리는 눈발을 봐도

점점 무심해졌다

겨울바람이 처마 끝을 풀썩 뒤흔들다 간다

아침이 드는 창을 비워두는 것은 옛 버릇이나

무덤을 앞둔 여우들이 그러했듯이

나 또한 북쪽 그리운 창을 향해 머리를 눕히고
길고 먼 꿈길을 청한다

겨울 풍경

겨울 햇볕 좋은 날 놀러가고
사람들 찾아오고
겨우 해가 드는가
밀린 빨래를 한다 금새 날이 꾸무럭거리네
내미는 해 노루꽁지만 하다
소한대한 추위 지나갔다지만
빨래 줄에 널기가 무섭게
버쩍 버썩 뼈를 고추 세운다
세상에 뼈 없는 것들 어디 있으랴
얼었다 녹았다 빨래는 말라간다
삶도 때로 그러하리
언젠가는 저 겨울빨래처럼 뼈를 세우기도 풀리어 날리며
언 몸의 세상을 감싸주는 따뜻한 품안이 되기도 하리라
양철지붕 골마다 고드름이 반짝인다
지난 늦가을 잘 여물고 그중 실하게 생긴 늙은 호박
이 집 저 집 드리고 나머지 자투리들
슬슬 유통기한을 알린다
여기저기 짓물러간다
내 몸의 유통기한을 생각한다 호박을 자른다

보글보글 호박죽 익어간다

늙은 사내 하나 산골에 앉아 호박죽 끓인다

밖은 여전히 또 눈보라

처마 끝 풍경소리 나 여기 바람 부는 문밖 매달려있다고,

징징거린다

흰 부추꽃으로

몸이 서툴다 사는 일이 늘 그렇다
나무를 하다보면 자주 손등이나 다리 어디 찢기고 긁혀
돌아오는 길이 절뚝거린다 하루 해가 저문다
비로소 어둠이 고요한 것들을 빛나게 한다
별빛이 차다 불을 지펴야겠군

이것들 한때 숲을 이루며 저마다 깊어졌던 것들
아궁이 속에서 어떤 것 더 활활 타오르며
거품을 무는 것이 있다
몇 번이나 도끼질이 빗나가던 옹이 박힌 나무다
그건 상처다 상처받은 나무
이승의 여기저기에 등뼈를 꺾인
그리하여 일그러진 것들도 한 번은 무섭게 타오를 수 있는가

언제쯤이나 사는 일이 서툴지 않을까
내 삶의 무거운 옹이들도 불길을 타고
먼지처럼 날았으면 좋겠어
타오르는 것들은 허공에 올라 재를 남긴다
흰 재, 저 흰 재 부추밭에 뿌려야지

흰 부추꽃이 피어나면 목숨이 환해질까
흰 부추꽃 그 환한 환생

동백

동백의 숲까지 나는 간다
저 붉은 것,
피를 토하며 매달리는 간절한 고통 같은 것
어떤 격렬한 열망이 이 겨울 꽃을 피우게 하는지
내 욕망의 그늘에도 동백이 숨어 피고 지고 있겠지

지는 것들이 길 위에 누워 꽃길을 만드는구나
동백의 숲에서는 꽃의 무상함도 다만 일별 해야 했으나
견딜 수 없는 몸의 무게로 무너져 내린 동백을 보는 일이란
곤두박질한 주검의 속살을 기웃거리는 일 같아서
두 눈은 동백너머 푸른 바다 더듬이를 곤두세운다
옛날은 이렇게도 끈질기구나
동백을 보러갔던 건
거기 내 안의 동백을 부리고자 했던 것

동백의 숲을 되짚어 나오네
부리지 못한 동백꽃송이 내 진창의 바닥에 떨어지네
무수한 칼날을 들어 동백의 가지를 치고 또 친들
나를 아예 죽고 죽이지 않은들

저 동백 다시 피어나지 않겠는가

동백의 숲을 되짚어 나오네

부리지 못한 동백꽃송이 내 진창의 바닥에 피어나네

당신을 향해 피는 꽃

능소화를 볼 때마다 생각난다
다시 나는 능소화, 하고 불러본다
두 눈에 가물거리며 어떤 여자가 불려나온다
누구였지 누구였더라
한번도 본 적 없는 아니 늘 담장 밖으로 고개를 내밀던
여자가 나타났다
혼자서는 일어설 수 없어 나무에, 돌담에
몸 기대어 등을 내거는 꽃
능소화꽃을 보면 항상 떠올랐다
곱고 화사한 얼굴 어느 깊은 그늘에
처연한 숙명 같은 것이 그녀의 삶을 옥죄고 있을 것이란 생각
마음속에 일고는 했다

어린 날 내 기억 속에 능소화꽃은 언제나
높은 가죽나무에 올라가 있고는 했다
연분처럼 능소화꽃은 가죽나무와 잘 어울렸다
담이라면 그건 목을 빼고 기웃거리던 돌담이었다
내 그리움은 이렇게 외줄기 수직으로 곧게 선 나무여야 한다고
그러다가 아예 돌처럼 굳어가고 말겠다고

쌓아올린 돌담에 기대어 당신을 향해 키발을 딛고
이다지 꽃피어 있노라고

구비구비 이렇게 흘러왔다
한 꽃이 진자리 또 한 꽃이 피어난다

이원규

1984년 《월간문학》, 1989년 《실천문학》으로 등단.
시집 〈달빛을 깨물다〉 〈돌아보면 그가 있다〉 등, 산문집 〈나는 지리산에 산다〉 등, 제16회 신동엽문학상, 지리산지역문학상 수상 등, 〈별나무〉 〈몽유운무화〉 초대사진전 10여 회.

시인의 말

어느새 27년 세월, 날마다 지리산과 섬진강변을 어슬렁거렸다. 내 생의 가장 큰 축복이 아닐 수 없다. 그동안 전북 남원의 실상사와 경남 함양의 칠선계곡 입구에도 살아봤지만 나의 주무대는 섬진강이었다.
전남 구례군 토지면의 용두리와 외곡리, 그리고 문척면의 마고실과 토지면의 문수골 구산리, 경남 하동군 화개면의 덕은리 중기마을에 살아봤고, 전남 광양시 다압면의 외압마을에 살고 있다. 날마다 칭얼대며 지리산 어머니의 치맛자락에 매달리고, 섬진강 생명의 탯줄을 놓지 않고 살아왔다. 때로 가난하고 아프고 외롭고 절망적이어도 좋았다.
바로 지금 여기 이곳에 아직 살아있다는 것, 이것이야말로 내가 나에게 준 가장 큰 선물이다.

물안개

이명인가
밤새 섬진강 쏘가리가 운다

징한 것들
격정의 날들이 가고
물이 차다
뼈마디가 시리다

바람이 태어나고 죽은 곳
그곳에 가보고 싶었지만
이 맛도 솔찮다

나이 마흔을 넘어서야 찾아온
체외수정의 새벽 물안개

무량무량
알 밴 여인들이
뒷물을 하고 있다

안개

섬진강 안개 속에 서있으면
'쓸쓸한 가축들처럼' 기형도 시인이 옳다

잘 아는 얼굴마저 오리무중일 때
안개는 음모의 소굴인가 목화솜 같은 소문인가
'개인적인 불행일 뿐, 안개의 탓은 아니다'?
겨울안개가 얼어붙어 흰 눈썹이 빛날 때
'취객처럼' 기형도 시인이 틀렸다

세상 어디에도 개인적인 안개는 없다
안개는 크고 흰 날개를 펴고
유정 무정 가리지 않고 알을 품는다

강마을 밤안개 속에서
컹컹 털복숭이 삽살개가 짖고
집집마다 외등이 희미하게 번질 때
포란(抱卵)이라 명명한 사진가 주기중 선배가 옳다

안개는 흰 두루마기를 입고 반드시 돌아온다

겁나게와 잉 사이

전라도 구례 땅에는 비나 눈이 와도
겁나게와 잉 사이로 내린다

가령 섬진강변 마고실의 뒷집 할머니는
날씨가 쫌만 추워도, 겁나게 추와불고마잉!
리어카 살짝 밀어줘도, 겁나게 욕봤소잉!
강아지 짖어도, 고놈의 새끼 겁나게 싸납소잉!

조깐 씨알이 백힐 이야글 허씨요
지난 봄 잠시 다툰 일을 얘기하다가도
성님, 그라고봉께 겁나게 세월이 흘렀구마잉!

궂은 일 좋은 일도 겁나게
잠자리 떼 날아도 겁나게와 잉 사이로 날고
텔레비전 인간극장을 보다가도
새끼들이 짠해서 으짜까잉! 눈물 훔치는
너무나 인간적인 과장의 어법

내 인생의 마지막 문장

허공에 비문을 쓴다면 이렇게 쓰고 싶다
그라제, 그라제, 겁나게 좋았지라잉!

물앵두

저무는 섬진강변에 앉아
물, 물, 물 발음하면 물고기 입술이 된다

나이 들수록 살가운 물의 가족들
물매화 물봉선 물푸레 물메기 물까치
봄물 오르는 고로쇠나무에 기대면 침이 고인다

물앵두는 벚나무와 일란성쌍둥이
언제나 열흘 먼저 물앵두 꽃이 핀다
청보라 염료인 버찌를 외면하고
숙취해소에 좋은 달달하고 빨간 물앵두를 따먹다가

불의 시대를 살다 간
별명이 하필 '물봉' 인 김남주 시인을 생각한다
난생처음 검은 양복을 입고
망월동 묘지에 하관하던 그날부터
물, 물, 물 자꾸 목이 말랐다

낮고 굵직한 육성은 열흘 먼저 꽃을 피우고

마흔아홉 살의 물앵두

이보다 더 붉은 심장을 본 적이 없다

섬진강 첫 매화

백운산 햇살이 저의 흰 붓을 들어
에헤라 노아라
소학정의 백년 매화나무를 지목하자

저요, 저요
허리춤의 잔가지 하나가 번쩍 손을 들었다
해마다 맨 처음
보살도 아니 부처도 아닌 것이
시무외인(施無畏印)의 오른손을 들었다

아직은 소한대한의 뼛골 시린데
어쩌자고 대체 어쩌라고
검지 손톱의 꽃망울 처녀 하나
빨간 내복 윗도리를 벗기 시작했다

데미샘에서 망덕포구 오백삼십 리
언 몸 풀던 섬진강이 침을 꼴깍 삼켰다

소쩍새의 길
−일생 단 한편의 시 4

섬진강변 용두리 뒷집 할머니
밤마다 백 살 먹은 먹감나무 찾아오는
소쩍새를 두고 한 말씀 하시는데

에라이, 저눔의 새새끼 왜 저러코롬 울고자빠지는지 아요?
밤 열시에 내 염장질러로 온당께
반평생 내 혼자 사는지 다 암시롱
지 혼자 짝을 찾겄다고 고약하니 울고잉
테레비 끄고 잠들라 함시롱 쳐들어와
한식경 또 지랄염병 겁나게 울어쌓다가
강 건너 훨훨 문척 안지마을로 간당께

내 다 알제라, 훤하게 알고말고잉
저눔의 소쩍이가 워디 워디로 밤마실 댕기는지
으미 흐미, 오줌보 터져불겄네잉

단지 그 물맛이 아니었으므로

전라선 밤기차를 타기 직전이었다
단지 물맛이 그 물맛이 아니었으므로
서울역전파출소 앞 지하도에서 세상의 가장 얇은 이불
98년 5월 8일자 신문을 덮어쓰고 누웠다가
벌떡 일어나 생수병의 맑고 찬 소주를 마셨다
사표를 던지고 빙하기의 바퀴벌레 더듬이를 세운 채
서소문 빌딩 8층 내 의자에서 아주 잘 보이는
서울역 노숙자로 스며든 지 열흘째 밤이었다
이만하면 됐다, 시인 박봉우식의 서울 하야식!
환멸의 도시를 떠나는 게 아니라 나도 나를 못 믿겠으니
제발이지 불귀 불귀 불귀, 주문을 외며
하나 남은 더듬이마저 담뱃불로 지져버리고는
전라선 구례구행 밤기차에 올랐다
바로 어젯밤 같은 20년 전의 일이었다
나이 들수록 단지 물빛은 그 눈빛이 아니었으므로
겨우 맑은 물 한 모금 마시러 지리산까지 왔다
어릴 적 밤마실 나가던 청상과부 어머니
하내리의 참샘에서 맨 먼저 길어와
장독대 위에 올리던 하얀 사발 속의 정화수

바이칼 호수의 만년설이 녹은 물
그 차고 맑은 물 한 모금의 눈빛은 아닐지라도
고운 선생의 세이암 아래 두 귀를 씻고
달빛 어른거리는 당몰샘의 천년고리 감로수
생니 시린 해발 1320m 임걸령의 옹달샘
빗점골 폭포수와 칠불사 찻물 한 바가지
첫 햇살 받으며 똑똑 떨어지는 서출동류 석간수
그 물 한 방울의 목소리 들으러 섬진강까지 왔다
큰 산 푸른 숲의 배꼽에 얼굴을 묻고
입술 부르튼 고라니가 와서 마시고
혓바닥 마른 산새들이 먼저 와서 마시는
맑은 물 한 모금이 되려고 전라선 밤기차에 올랐다

몽유운무화

몸이 무너져야 비로소 보이는 것들

너무 쉬운 여자는 지루하고
너무 뻔뻔한 남자는 지겨워서
저잣거리는 침침하고
산중 헤매는 것도 심심해서

7년 동안 모터사이클 타고 멸종위기 야생화를 찾아다녔다

바위 뒤에 숨은 아이
산그늘에 깊이 무너진 남자
아예 얼굴을 지워버린 여자

안개치마를 입고 구름이불 덮어쓴
몽유운무화(夢遊雲霧花)
저 홀로 훌쩍이는 꽃을 찾아
지구에서 달까지 38만 4300킬로미터

오지의 야생화들이 병든 나의 폐를 살렸다

별빛 한 짐

두 눈이 나빠져도 별은 보인다
빗점골에 쏟아지는 별빛이 아까워
늦가을 다람쥐처럼 한 자루 가득 채웠다

이역천리 서울 가는 길
깡마른 몸 지게에 별빛 한 짐 지고 갔더니
와 이리 캄캄하노?
철지난 노래처럼 슬슬 눈길을 피했다
인사동 뒷골목엔 내다버릴 곳이 없었다
그래, 서울이 좀 더 밝아졌을 뿐이야
노안의 두 눈을 질끈 감고
풀이 푹 죽은 별빛 한 자루를 둘러맸다

지하철 3호선 심야고속버스 갈아타고
까무룩 섬진강 집으로 돌아오니
아내가 다람쥐꼬리를 감추며 말했다
에휴, 쌀자루에 쌀은 안 담아오고
전기밥솥 코드를 뽑아버렸다

며칠 굶는다고 아무데나 거미줄 치랴
자정 넘어 섬진강 백사장에 나가
풀이 푹 죽은 별빛 자루를 열자마자
호르르 반딧불들이 날아올랐다
쥐나도록 쪼그려 앉았다 일어서는데
어찔비칠 현기증이 일었다
생각보다 아주 가까이 별들이 빛났다

달빛을 깨물다

살다보면 자근자근 달빛을 깨물고 싶은 날들이 있다

밤마다 어머니는 이빨 빠진 합죽이였다
양산골 도탄재 너머 지금은
문경석탄박물관과 '연개소문' 촬영지가 된
은성광업소, 육식공룡의 시체 같은 폐석 더미에서
버린 탄을 훔치던 수절 삼십오 년의 어머니
마대자루 한가득 괴탄을 짊어지고
날마다 도둑년처럼 십 리 도탄재를 넘으며
얼마나 이를 악물었는지
청상의 어금니가 폐광의 동바리처럼 무너졌다

하루 한 자루에 삼천 원
막내아들의 일 년 치 등록금이 되려면
대봉산 위로 떠오르는 저놈의 보름달을
남몰래 열두 번은 꼭꼭 씹어 삼켜야만 했다

봉창 아래 머리맡의 흰 사발
늦은 밤의 어머니가 틀니를 빼놓고

해소 천식의 곤한 잠에 빠지면
맑은 물속의 환한 틀니가 희푸른 달빛을 깨물고
어머니는 밤새 그 달빛을 오물오물 되새김질하는
이빨 빠진 합죽이가 되었다

어느새 나 또한 죽은 아버지 나이를 넘기며
씹을 만큼 다 씹은 뒤에
아니, 차마 마저 씹지 못하고
할 만큼 다 말한 뒤에 아니, 차마 다 못하고
그예 들어설 나의 틀니에 대해 생각하다가
문득 어머니의 틀니의 행방이 궁금해졌다
장례식 날 대체 어디로 사라진 것일까
털신이며 속옷이며 함께 불에 타다가 말았을까
지금도 그대로 무덤 속의 앙다문 입 속에 있을까

누구는 죽은 이의 옷을 입고 사흘을 울었다는데
동짓달 열여드렛날의 지리산
홀로 고향의 무덤을 향해 한 사발의 녹차를 올리는
열 번째 제삿날 밤이 되어서야 보았다
기우는 달의 한쪽을 꽉 물고 있는 어머니의 틀니

섬진강 시인들

초판 1쇄 발행 2025년 4월 3일

지은이 백학기 · 복효근 · 장진희 · 박두규 · 박남준 · 이원규
펴낸이 주식회사 엠엔넷(이재욱)
펴낸곳 엠엔북스
표지디자인 스토니 강
본문디자인 최남식

ⓒ 백학기 · 복효근 · 장진희 · 박두규 · 박남준 · 이원규, 2025

등록일 2024년 5월 24일
등록번호 종로구 2024-000068호
주소 서울 종로구 새문안로 3길 12(신문로빌딩) B26-2
전화 02-3144-2525
이메일 home@munhaknews.com
팩스 02-2237-3389

ISBN 979-11-987983-1-2